Für Havanna Picabia, die immer die richtigen Fragen stellt.

[edition.SABA]

1. Auflage

Übersetzung: Laird M. Easton

Fotos: edition.SABA

Satz und Layout: Simin Bazargani

Gesamtherstellung: Offizin Andersen Nexö Leipzig

Printed in Germany

ISBN 978-3-9810097-7-4

www.edition-saba.de

info@edition-saba.de

Moon Ray

Das Blatt Rosalie Rosalie the Leaf

ILLUSTRATION SIMIN BAZARGANI

Das Frühjahr kündigte sich an, es wurde spürbar wärmer.

Der kleine Ahornbaum fühlte sich in diesem Jahr zum ersten Mal so richtig erwachsen. Sein Stamm war seit dem letzten Jahr deutlich dicker geworden und als er die Blattknospen zählte, die hier und da schon hervorspitzten, wusste er, dass er in diesem Jahr viele Blätter haben würde. Der kleine Ahornbaum war glücklich. In einer der Knospen saß zusammengefaltet das Blatt Rosalie und schlief. Aber als im Mai die ersten dicken Sonnenstrahlen auf den Baum fielen, wurde es Rosalie ganz warm und angenehm. Und plötzlich passierte etwas. Die Knospe platzte und Rosalie konnte sich zum ersten Mal ganz ausstrecken. Sie hörte ein leises Kichern ringsum und sah neben sich, über sich, unter sich, überall kleine, grüne Blätter, die aussahen wie sie selbst.

It was just the beginning of spring and it was already getting warmer.

This year the little maple tree felt really grown-up for the first time. His trunk had grown noticeably thicker and as he counted the leaf buds, that had burst forth here and there, he knew he would have lots of leaves this year. The little maple tree was happy. In one of the buds Rosalie the Leaf lay sleeping, neatly folded together. But when the first sun beams fell on the tree in May, Rosalie felt all warm and content. And suddenly something happened. The bud burst open and Rosalie was able to stretch herself out for the first time. She heard a soft whispering all around and saw next to her, above her, beneath her and all over, little green leaves that looked just like her.

Immer wieder platzte eine neue Knospe, peng, plong, ping und die Blattfamilie wurde größer und größer.

Rosalie hatte auf einmal viele Freunde. Am liebsten aber hatte sie Annabella. Annabella war Rosalies Nachbarin. Und manchmal, wenn ein leichter Wind durch die Blätter strich, konnten sie sich sogar berühren. Rosalie fand ihr neues Leben an der frischen Luft wunderbar. Und sie hatte einen besonders guten Platz am Baum erwischt. Sie hing nicht zu hoch, nicht zu tief und nicht mittendrin. Sie konnte alles sehen, was passierte. Und es passierte viel. Schiffe fuhren auf dem Fluss vorbei, an dem der kleine Ahornbaum stand. Menschen kamen vorbei, die sich aus den Ahornsamen lustige Nasen bauten.

Over and over again new buds burst, peng, pong, ping, and the leaf family grew bigger and bigger.

All of a sudden Rosalie had many friends. But her favourite was Annabella. Annabella was Rosalie's neighbour. And sometimes when a breeze blew through the leaves, they could even touch each other. Rosalie loved her new life in the fresh air. And she had an especially good location on the tree, neither too high, nor too low, nor stuck in the middle. She could see all that was happening. And a lot happened indeed. Ships passed by on the river. People popped maple seeds on their noses and laughed.

Am Himmel flogen Vögel und manchmal setzte sich einer auf den Zweig, gleich neben Rosalie.

Rosalie unterhielt sich gerne mit den Vögeln. Sie hatten so viel erlebt, denn sie konnten fliegen, wohin sie wollten. Aber Rosalie saß fest auf ihrem Zweig. Manchmal wäre auch sie gerne geflogen. So, wie die lustigen aber etwas einfältigen Ahornsamen, die zu tanzen schienen, wenn sie zum Boden segelten. „Warum können wir nicht fliegen?“, fragte sie Annabella. Annabella dachte nach, aber es fiel ihr nichts dazu ein und eigentlich hatte sie auch gar keine Lust aufs Fliegen. „Vom Fliegen wird dir doch nur schwindelig“, sagte sie zu Rosalie. Aber Rosalie wollte sich mit dieser Antwort nicht zufrieden geben. Sie fragte den Baum. Der Baum musste über diese Frage lachen. „Rosalie, auch du wirst eines Tages fliegen. Warte nur auf die Herbststürme!“
Rosalie hatte keine Ahnung, wer die Herbststürme waren, aber irgendwie hörte sich das mit den Herbststürmen nicht gut an. Laut und wild. Ich will sie eigentlich noch gar nicht kennen lernen, die Herbststürme, dachte Rosalie.

Birds flew up in the sky and occasionally one of them would come down and sit on the branch next to Rosalie.

Rosalie loved to talk with the birds. They had seen so much because they could fly wherever they wanted. But Rosalie sat fixed to her twig. Many times she wished she could fly. Like the funny but somewhat simple maple seeds, who seemed to dance when they sailed to the ground. “Why can’t we fly?” she asked Annabella. Annabella thought for a bit but nothing came to mind and actually she had absolutely no desire to fly. “Flying only makes you dizzy,” she told Rosalie. But Rosalie was not satisfied with this answer, so she asked the tree. The tree had to laugh over this question. “Rosalie, even you will fly one day. Just wait for the autumn storms!”
Rosalie had no idea who the autumn storms were, but somehow it didn’t sound so good – more loud and wild. I don’t really want to meet them, these autumn storms, she thought.

Rosalie und ihre Freunde wurden immer größer.

Nun waren sie auch nicht mehr hell-, sondern dunkelgrün. „Das ist euer Sommerkleid", sagte der Baum. Manche Blätter fingen schon an, sich zu beschweren, dass sie vor lauter anderen großen grünen Blättern gar nichts mehr sahen. Denn gerade im Sommer gab es besonders viel zu sehen. Rosalie war froh, dass sie ganz außen am Baum hing und kein anderes Blatt ihre Sicht verdeckte. Sie sah die Kinder, die im Fluss badeten, die Boote, die vorüberfuhren – große und ganz kleine.
Nur manchmal, wenn es besonders heiß war und besonders viele Kinder im Fluss badeten, wurden Rosalie und ihre Freunde ziemlich durstig. Sie sehnten sich nach Wasser, nach Regen. Auch der Baum stöhnte schon vor lauter Hitze. Die Blätter bekamen es mit der Angst zu tun. Wenn wir nicht bald Wasser bekommen, werden wir braun und fallen vom Baum, stöhnte Annabella. Aber der Baum tröstete seine Blätter: „Wartet nur ab, bald wird es regnen". Dann, eines Abends war es so weit. Ein warmer Regen fiel, der den Sommerstaub von den Blättern wusch und allen zu trinken gab. Die Blätter atmeten auf.

Rosalie and her friends grew bigger and bigger.

They slowly changed from a light to a darker green. This is your summer dress, said the tree. Many leaves began to complain that they couldn't see anything due to all the large, green leaves in front of them. Especially since in summer there was so much to see. Rosalie was happy that she sat right at the outside of the tree and no other leaf blocked her view. She saw the children swimming in the river, the boats passing by – the big ones and the little ones too.

But sometimes, when it was extremely hot and all the children were eating ice-cream, Rosalie and her friends became rather thirsty. They longed for water, for rain. Even the tree groaned because of the sheer heat. The leaves began to become frightened. "If we don't get water soon, we will become all brown and fall off the tree," cried Annabella. But the tree consoled his leaves: "Just wait a little, it's going to rain soon." And then, one evening, it really did. A warm rain washed the summer dust from the leaves and gave everyone a drink. The leaves gave a sigh of relief.

Einmal kam ein kleines Mädchen mit seiner Mutter an dem Ahornbaum vorbei.

Sie setzten sich in den Schatten des Baumes und machten ein Picknick. Sie aßen Dinge, die Rosalie noch nie gesehen hatte: Käsebrote, Pudding, Schokolade und Pfirsiche. Rosalie hatte noch nie übers Essen nachgedacht. „Was essen wir eigentlich?", fragte sie den Baum. Wieder musste der Baum lachen, wie immer, wenn Rosalie eine Frage stellte. „Was ist an meiner Frage so komisch", fragte sich Rosalie. „Ihr Blätter braucht euch um fast nichts zu kümmern, ich versorge euch mit Nahrung", sagte der Baum. „Ich sauge mit meinen Wurzeln Wasser und viele Nährstoffe aus dem Boden und die Sonne hilft uns, das alles richtig zu verdauen". Toll, dachte Rosalie, aber sie hätte trotzdem gerne gewusst, wie ein Käsebrot schmeckt.

Once a little girl
and her mother came to
the maple tree.

They sat down in the shade and had a picnic. They ate things Rosalie had never seen before. Cheese sandwiches, pudding, chocolate, and peaches. Rosalie had never thought about eating. "What do we actually eat?" she asked the tree. Again the tree had to laugh, as always, when Rosalie asked a question. Rosalie wondered what was so funny about her questions. "You leaves really don't have to worry about anything. I provide you with your food," said the tree. "I suck water and food with my roots from the ground and the sun helps us to digest it all." Great, thought Rosalie, but she would still have liked to know how a cheese sandwich tastes.

Langsam wurden die Tage kürzer und die Sonnenstrahlen verloren an Wärme.

„Kinder, es wird Herbst", sagte der Baum. Rosalie wusste nicht so recht, ob sie sich darüber freuen sollte. Die Menschen hatten aufgehört im Fluss zu baden, keiner machte mehr ein Picknick unter dem Baum. Und wenn jetzt schon der Herbst anfing, dann waren wohl auch die Herbststürme nicht mehr weit. Dann würde auch sie fliegen und sie wusste gar nicht, ob sie das noch wollte. Nur die Vögel waren jetzt ganz wild aufs Wegfliegen. „Wir ziehen bald in die warmen Länder", zwitscherten sie, „uns ist es hier im Winter zu kalt". Nein, Rosalie wollte nicht mehr fliegen. Ihr gefiel es so gut auf ihrem Baum.
Eines Morgens, nach der ersten kalten Herbstnacht, hatte sich der Baum verändert. Die Blätter waren nicht mehr grün wie im Sommer, nein, sie waren ganz bunt geworden: Gelb, bräunlich und manche waren sogar rot. Rosalie fand sich besonders schön. Sie leuchtete in einem wunderschönen Gelb – besonders wenn ein paar Sonnenstrahlen auf sie fielen. „Eigentlich sind wir jetzt am schönsten", meinte Rosalie zu dem Baum. „Ja", antwortete der Baum, „aber was bald kommt, ist noch aufregender: die Herbststürme!"

Slowly the days grew shorter and the sunbeams lost their warmth.

"Children, autumn is coming," said the tree. Rosalie was not so sure, if she should really be happy about that. The children had stopped swimming in the river; no one picnicked under the tree anymore. And if the autumn was beginning, then the storms would not be far behind. Then she too would fly and she didn't know at all if she still wanted to do that. Only the birds were really mad about flying away. We'll be leaving soon for the warm lands, they twittered. It is too cold for us here in winter. No, Rosalie was no longer interested in flying. She quite liked everything the way it was on her tree.

One morning, after the first cold autumn night, the tree had changed. The leaves had lost their summer green, and they had changed to many different colours: yellow, brownish, and some even were red. Rosalie thought she looked especially pretty. She glowed in a lovely yellow dress – particularly when the sunlight fell on her. "Actually we are at our best now," Rosalie said to the tree. "Yes," the tree answered, "but what is coming soon is even more exciting. The autumn storms!"

In diesem Jahr kamen die Herbststürme früher als sonst.

Es begann mit einem grauen Himmel und dann kam der Wind. Er wurde immer stärker, knickte Äste ab und der ganze Baum schien zu tanzen. Ein paar Blätter konnten sich nicht mehr halten und wurden vom Wind auf den Boden geweht. Wir fliegen, endlich, riefen sie. Aber Rosalie wurde sehr traurig. So fest sie konnte, hielt sie sich an ihrem Zweig fest. „Hab keine Angst, Rosalie“, sagte der Baum. „Keiner geht verloren, ihr kehrt alle zurück“.
„Aber ich will hier bleiben und auf die Welt runterschauen. Ich liebe diesen Platz!“
„Ich weiß, aber im Winter kann ich euch nicht bei mir behalten und euch ernähren“, antwortete der Baum. Rosalie wollte sich nicht trösten lassen. Sie wollte ihren Platz am Baum nicht verlassen.

That year
the autumn storms came
earlier than usual.

First there was a grey sky and then came the wind. It grew stronger and stronger, bent the branches and the entire tree seemed to dance. Some leaves could no longer hang on and were blown to the ground. "We are flying at last," they cried. But Rosalie was very sad. She clung to her twig as tightly as she could. "Don't be afraid, Rosalie," said the tree. "No one will get lost, you will all come back." "But I want to stay here and watch the world below. I love this place!" "I know, but I cannot keep you here with me in winter and feed you," replied the tree. Rosalie could not be consoled. She didn't want to leave her place on the tree.

Immer heftigere Stürme schüttelten den Baum.

Annabella war längst weggeflogen. Sie lag nun auf der Erde und wurde brauner und brauner. Neulich waren sogar ein paar Spaziergänger auf sie draufgetreten. Rosalie fühlte sich sehr einsam. Der Baum sprach immer weniger, er wirkte müde und Rosalie merkte, dass er ihr immer weniger Nahrung schickte. Schließlich war Rosalie das letzte Blatt am Baum. „Komm Rosalie“, sagte da der Baum, „mach es uns beiden nicht so schwer, jetzt fliege endlich“!
Der nächste Herbststurm war heftiger alles alle anderen zuvor und er war kalt und nass. Rosalie war am Ende ihrer Kräfte. Vergeblich versuchte sie, sich an ihrem Zweig festzuhalten, aber der Herbststurm riss sie ab von ihrem Zweig und – sie flog. Es war ein tolles Gefühl. Rosalie hatte ihre Angst sofort vergessen. Sie drehte einige Kreise in der Luft, landete auf dem Boden, wurde noch einmal aufgewirbelt und blieb dann liegen, direkt neben der schon sehr ausgetrockneten Annabella. „Na, wie war´s?“, fragte Annabella. „Toll“, meinte Rosalie, „ich möchte es am liebsten gleich wieder tun“. „Da musst du aber bis zum nächsten Jahr warten“, sagte Annabella.

The tree was shaken by even more turbulent storms.

Annabella had long since flown away. She lay on the ground getting browner and browner. Recently a pair of strollers had even walked on her. Rosalie felt very lonely. The tree didn't talk much anymore. He seemed tired and Rosalie noticed that he sent her less and less food. Finally Rosalie was the last leaf left on the tree. "Come on Rosalie," said the tree, "don't make it so hard for both of us. Fly away!"
The next autumn storm was rougher than all the others before and it was cold and wet. Rosalie had no strength left. In vain she sought to cling to her twig, but the storm ripped her away – and she flew. It was a wonderful feeling. Rosalie forgot her fear immediately. She turned a few circles in the air, landed on the ground, was twirled once again, and remained lying there, right next to Annabella, who was by now quite dry. "So, how was it?" asked Annabella. "Wonderful," replied Rosalie, "I really wish I could do it again." "You will have to wait until next year for that," said Annabella.

Am Boden herumzuliegen war gar nicht so schlimm, wie Rosalie gedacht hatte.

Sie machte die Bekanntschaft eines Regenwurms, der ihr erzählte, dass es unter der Erde eigentlich am schönsten sei. „Das kann ich mir nicht vorstellen“, sagte Rosalie. „Na, du wirst es selbst erleben“, kicherte der Regenwurm.
Rosalie und Annabella waren inzwischen ganz braun und trocken geworden. Der erste Schnee kam und deckte sie zu. Und dann geschah etwas Merkwürdiges. Rosalie spürte, wie sie sich auflöste und zu Erde zerfiel. Alles war sehr ruhig und dunkel ... sehr lange ... den ganzen Winter über.

Lying around on the ground was really not as bad as Rosalie had thought.

She made the acquaintance of an earthworm who told her that it really was best under the earth. "I can't believe that," said Rosalie. "Well, you will see for yourself," giggled the worm. Meanwhile Rosalie and Annabella had turned quite brown and dry. The first snow came and covered them up. And then something odd happened. Rosalie felt how she was dissolving and becoming part of the earth. Everything was very peaceful and dark ... for a long time ... the whole winter through.

Plötzlich im März passierte etwas ganz Komisches.

Der Baum wachte aus seinem Winterschlaf auf und begann, wieder Nahrung zu sich zu nehmen. Er saugte Nährstoffe aus der Erde und die kleinen Teilchen, zu denen Rosalie und Annabella und all die anderen zerfallen waren, wurden von dem Ahornbaum, der wieder ein Stück dicker und größer werden wollte, aufgeschlürft. Rosalie und Annabella wanderten durch den Baumstamm nach oben, durch die Äste, durch die Zweige und landeten wieder in einer Knospe, an der gleichen Stelle wie im letzten Jahr. Als die Knospen im Frühjahr platzten, war Rosalie wieder ein wunderschönes, hellgrünes Blättchen. „Das Leben ist wunderbar", rief Rosalie und Annabella nickte.

Suddenly something strange happened in March.

The tree awoke from his winter sleep and began to eat again, drawing nourishment from the soil. And the little pieces that had once been Rosal e and Annabella and all the others, were slurped up by the maple tree, which grew a bit thicker and taller again.

Rosalie and Annabella wandered upwards through the trunk of the tree, through the branches, through the twigs and landed in a bud again, on the same place as last year. When the buds burst in spring Rosalie once again became a beautiful bright green leaf. "Life is wonderful!" exclaimed Rosalie and Annabella nodded.

Bei edition.SABA sind auch die folgenden Titel erschienen:

Also published by edition.SABA:

Der Garten am Wannsee – Maria besucht Max Liebermann	The Garden on Lake Wannsee – Maria visits Max Liebermann
Ein relativ verrückter Sommer – Maria besucht Albert Einstein	A Relatively Crazy Summer – Maria meets Albert Einstein
Die magische Mozartkugel – Maria trifft Wolfgang Amadé Mozart	Sorry
Ohne Schein kein Sein – Maria rettet Karl Marx	Sorry
Die Böse Hand	Sorry

[edition.SABA] erwachsene bilderbücher aus berlin